100 blagues! Et plus...
N° 7

Blagues et devinettes
Faits cocasses
Charades

Conception et illustration de la couverture :
Dominique Pelletier

Conception graphique :
Monique Fauteux

Illustrations de l'intérieur :
Steve Attoe

100 blagues! Et plus…
N° 7
© Éditions Scholastic, 2005
Tous droits réservés
Dépôt légal : 1er trimestre 2005

ISBN : 0-439-95294-8
Imprimé au Canada

Éditions Scholastic
175 Hillmount Road
Markham (Ontario)
L6C 1Z7
www.scholastic.ca/editions

POURQUOI LES CHATS N'AIMENT-ILS
PAS L'EAU?

REPONSE : PARCE QU'AVEC
L'EAU MINET RÂLE.
(L'EAU MINERALE).

À la fin du premier millénaire,
on était considéré comme
un vieillard lorsqu'on réussissait
à vivre jusqu'à 50 ans.

Mon premier est la 11e lettre de l'alphabet.

Mon deuxième est un être imaginaire féminin.

Mon troisième recouvre une grande partie de la Terre.

Mon quatrième n'est pas beau.

Mon tout est une boisson appréciée des adultes.

● ●

Deux fous se promènent dans le désert. L'un d'eux tient une portière de voiture. L'autre, étonné, lui demande ce qu'il fait avec cette portière.

- Eh bien, quand j'ai chaud, je descends la vitre.

4

Des chercheurs ont découvert
que les agneaux préfèrent
les aliments parfumés
au caramel ou à la vanille.

Après avoir fait six heures de voiture, un automobiliste décide de s'arrêter pour faire une petite sieste. Juste au moment où il ferme les yeux, un passant frappe à la vitre :

- Vous avez l'heure?

- Il est 2 h, répond l'autre.

Dix minutes plus tard, un autre passant frappe à la vitre et demande :

- Vous avez l'heure?

- Il est 2 h 10, répond l'automobiliste, exaspéré.

Pour ne plus être dérangé, il colle sur la fenêtre un papier, sur lequel est écrit : « Je n'ai pas l'heure. » À peine vient-il de se rendormir, qu'un autre passant frappe à la fenêtre :

- Il est 2 h 20, monsieur!

Si on se base sur la longueur totale
de son littoral, la baie d'Hudson est
la plus grande baie du monde.

Mon premier ne sent pas bon.

Mon deuxième est la 2e note de la gamme.

Mon troisième est le chiffre qui vient avant trois.

Il n'est pas sain d'avoir un excès de mon quatrième.

Mon tout est synonyme de brouillard épais.

L'autre jour, j'étais très en colère lorsque j'ai croisé deux gars de la ville. Le premier creusait un gros trou et le deuxième le remplissait de terre. Alors, je leur ai demandé :

- Qu'est-ce que vous faites? On vous paie pour ça!

Un des deux gars m'a répondu :

- Ce n'est pas de notre faute. Habituellement, on est trois pour faire ce travail, mais, aujourd'hui, il manque celui qui met les arbres.

Un homme est en vacances en Louisiane. Il entre dans un magasin pour s'acheter une paire de souliers en crocodile. Or, le prix des souliers est si élevé qu'il essaie de marchander avec le vendeur, mais sans succès.

- Laissez faire, dit l'homme, je vais m'en chasser moi-même.

Plus tard, le vendeur passe devant un marécage, où il voit notre homme dans l'eau jusqu'à la taille, armé d'un fusil. Sur le bord du marécage gisent six crocodiles morts. Tout à coup, le vendeur voit un énorme crocodile s'approcher de l'homme qui est dans l'eau. Bang! Ce dernier abat l'animal et le traîne sur la terre ferme, le retourne sur le dos et s'écrie :

- Zut! un autre qui n'a pas de souliers!

Le Bluenose, un schooner qui a gagné
plusieurs courses, fait partie du Temple
de la renommée des sports
du Canada. On peut aussi le voir
sur les pièces de 10 cents.

Dans une ferme, une poule saute sur la table et contemple tristement un coq au vin :

- Ah, soupire-t-elle, c'est bien vrai que l'alcool tue!

. . . .

Les scientifiques croient que les bonobos, de petits chimpanzés, sont les parents les plus proches des humains. Plus de 98 % de leur ADN est semblable au nôtre.

Mon premier est un personnage
féminin que l'on rencontre
souvent dans les contes.

Mon deuxième est un rongeur
malvenu.

On prend mon troisième au moins
trois fois par jour.

Mon quatrième est la 3e lettre
de l'alphabet.

Mon tout sert à enlever les plis.

Une compagnie aérienne offre à
ses passagers des sacs de cacahuètes
sur lesquels on lit :
« Ouvrir le sac et manger
le contenu ».

Trois voleurs (**dont un idiot**) viennent
de dévaliser une banque et se préparent
à escalader le mur qui se trouve devant.
En montant, le premier fait un peu
de bruit.

- Qui est là? s'écrie le gardien.

- **Miaou!** répond le premier voleur.

- Ah! ce n'était qu'un chat! se dit
le gardien.

Le deuxième voleur fait tomber
une pierre en montant.

- Qui est là? demande le gardien.

- **Miaou!** fait le deuxième voleur.

- Encore ce chat! dit le gardien.

Le troisième fait tomber une brique
en montant.

- Qui est là? demande le gardien.

Le voleur (celui qui est un peu idiot)
répond :

- **C'est le chat!**

15

Un pauvre pêcheur arrive devant Dieu et lui demande :

- Dieu, c'est quoi pour toi l'éternité?

- Pfff! L'éternité, pour moi, c'est une seconde.

- Dieu, c'est quoi pour toi un million de millions de dollars?

- Pfff! Pour moi, c'est un dollar.

- Houlala, Dieu, tu n'as pas un dollar?

- Attends une seconde.

QUEL EST LE COMBLE DE LA PATIENCE?

RÉPONSE : TRAIRE UNE PUCE AVEC DES GANTS DE BOXE.

Mon premier sert à rincer.

Mon deuxième est un petit rongeur.

On peut utiliser des cartes ou
des dés pour mon troisième.

Mon tout se dit d'un ciel qui
annonce du mauvais temps.

Au travail, un employé se met à pleurer à chaudes larmes.

- Pourquoi pleures-tu? lui demande un de ses collègues.

- J'ai reçu un appel ce matin, lui répond l'employé, et j'ai appris que mon père était décédé hier.

Le collègue lui fait ses condoléances. Un peu plus tard, l'employé reçoit un appel. Après quelques secondes au téléphone, il se remet à pleurer à chaudes larmes. Son collègue s'approche et lui demande ce qui ne va pas.

- C'est incroyable, sniff, sniff! répond l'homme. C'était mon frère au téléphone. Lui aussi vient de perdre son père...

Je me suis marié à une veuve qui avait,
de son premier mari, une grande fille dont
mon père tomba amoureux et qu'il épousa.
Mon père devint ainsi mon gendre, tandis
que ma belle-fille devenait ma belle-mère
puisqu'elle avait épousé mon père. Bientôt,
ma femme eut un fils, qui fut le fils de
la mère de la femme de mon père et,
en même temps, mon oncle puisqu'il était
le frère de ma belle-mère. Voilà donc
mon propre fils qui devient mon oncle.
La femme de mon père, elle aussi, devint
mère d'un garçon qui fut à la fois mon
demi-frère et mon petit-fils, vu qu'il était
le fils de la fille de ma femme. Bref, ma
femme se trouvait à être ma grand-mère,
car elle était la mère de la femme de
mon père. Moi, je n'étais pas seulement
le mari de ma femme, mais j'étais
aussi son petit-fils et aussi le mari de
la grand-mère de ma femme. Il arriva donc
que je devins mon propre... grand-père.

- Garçon! Avez-vous
des pattes de grenouilles?
- Non, monsieur, je marche
toujours de cette façon.

Il y a environ 10 000 ans,
les humains chassaient
des chameaux géants, des paresseux,
des mastodontes et des mammouths
dans les plaines du centre du Canada.

- Ça fait dix jours que je n'ai pas dormi, dit France à Luc.

- Tu dois être très fatiguée, répond Luc.

- Non, je dors la nuit.

• •

Deux idiots à bord d'un camion de 3,5 m de haut arrivent à un pont. Ils lisent sur le panneau indicateur, à l'entrée du pont : « Hauteur maximum : 3 m ». Le passager se retourne pour regarder en arrière et dit à son ami qui est au volant :

- Vas-y, il n'y a pas de police!

Un chercheur a fait une découverte :
il a enlevé une patte à une puce et lui
a dit : « Saute! » Elle a sauté. Puis
il lui a enlevé une autre patte et lui
a dit : « Saute! » Elle a sauté. Puis
une troisième et une quatrième... Et
quand il lui a enlevé la dernière patte
et a dit : « Saute! », elle n'a plus
sauté.
Morale de l'histoire : Si on arrache
toutes les pattes d'une puce, elle
devient sourde!

Un traitement utilisé au Moyen Âge
pour les infections des yeux :
un poil de la queue d'un chat,
arraché par une nuit de pleine lune.

L'expérimentation animale
est une très mauvaise
chose : les animaux
deviennent trop nerveux
et du coup, ils donnent
de mauvaises réponses.

• •

Mon premier est le féminin de il.

Mon deuxième est le chiffre qui vient
après 1.

Mon troisième est un insecte parasite
qui vit sur l'homme.

Mon quatrième peut venir de la vache.

Mon tout se déguste avec les doigts.

En 1560, 8000 des soldats de
la reine d'Angleterre Elizabeth I
étaient de gros chiens qui partaient
au combat revêtus d'une armure
en cotte de mailles et
d'un collier à pointes.

Une tortue vient de se faire piquer
sur le nez par une abeille et dit :
- Zut, je vais encore devoir passer
la nuit dehors...

En 1952, un maharadjah de l'Inde
a organisé un mariage d'État
pour deux de ses chiens.
Cinquante mille humains y ont assisté.

Deux idiots voyagent dans un gros camion qui mesure 2,60 m de hauteur. Ils s'arrêtent avant un tunnel dont la hauteur maximum est 2,50 m. Un des deux idiots dit à l'autre :

- On n'a qu'a dégonfler les pneus.

- Mais non, abruti, ce n'est pas en bas que ça coince, c'est en haut!

• •

Un chômeur dit à un autre chômeur :

- Je suis allé passer une entrevue hier et je crois bien que je vais commencer à travailler en juillet.

L'autre répond :

- Ah oui? Comment ça?

- Bien, on m'a dit qu'il ferait pas mal beau avant qu'on m'engage.

Un kangourou entre dans un café et commande un cappucino. Le garçon le sert et lui demande **20 $**. Le kangourou cherche dans sa poche (ce n'est pas là que c'est drôle) et lui tend le billet de **20 $**. Pendant qu'il boit, le garçon le regarde.

- On ne voit pas souvent de kangourous dans ce café, dit-il.

Alors, le kangourou lui répond :

- À **20 $** le cappucino, ça ne m'étonne pas!

• •

Un homme dit à son coiffeur :

- Dites-moi, pourquoi votre chien me regarde-t-il avec ces yeux-là?

- C'est que, de temps en temps, une oreille tombe. Il adore ça!

Dans la brousse, deux tigres sont assis devant une trousse médicale :
- C'était un bon vétérinaire.
- Oui, dommage qu'il n'en reste plus!

• •

Mon premier est la première syllabe du mot qui désigne un arbre populaire à Noël.

Mon deuxième est le verbe aller, conjugué au présent, à la troisième personne du pluriel.

Mon troisième signifie « salut », en romain.

Mon quatrième est à côté du poivre.

Mon tout est utilisé après les repas.

Les premiers aliments « en conserve »
étaient mis dans des bouteilles.
En 1807, en France, des haricots,
de la soupe et des petits pois
étaient vendus dans des bouteilles
de champagne.

Mon premier signifie
met en morceaux, brise.

Mon deuxième prolonge
la colonne vertébrale
de nombreux mammifères.

Mon troisième est
la somme de 1 et 1.

Mon quatrième est
le pluriel de mal.

Mon cinquième est
le contraire de tard.

Mon tout est essentiel
au motocycliste.

À une certaine époque, on croyait
que l'odeur d'un cochon attaché
au lit d'un malade guérissait
la peste bubonique.

Un directeur de zoo écrit au directeur de la réserve d'animaux :

« Monsieur le directeur, j'ai été jusqu'à présent très satisfait de vos envois. Aujourd'hui, j'aimerais que vous me fassiez parvenir un couple de chacals... »

L'homme réfléchit, biffe les derniers mots, puis réécrit : « un couple de chacaux... »

Il réfléchit encore, revient à la première solution, puis à la deuxième, pour finalement écrire :

« Faites-moi parvenir un chacal. Mes respects M. le directeur. Votre dévoué etc... etc...

P.-S. À propos du chacal, si vous pouviez m'en mettre deux... »

Deux fous sont à la chasse au lapin. L'un dit à l'autre :

- Ce n'est pas facile d'attirer un lapin. Le plus dur, c'est de se cacher dans les buissons et d'imiter **le cri d'une carotte**.

• •

Mon premier brûle.

Mon deuxième est le pluriel de oeil.

Mon troisième a six faces.

Mon quatrième a une longue queue.

Mon cinquième est la couleur d'un ciel dégagé.

Mon tout est un symbole canadien.

Combien de psychanalystes faut-il pour changer une ampoule électrique?

Un, mais tout d'abord, il faut que l'ampoule ait vraiment envie d'être changée...

• •

Marguerite est en entrevue chez une dame où elle sollicite un emploi comme servante.

- Avant de vous engager, dit la dame, je voudrais encore vous poser une question. Aimez-vous les chiens et les chats?

Soucieuse de plaire à la dame, Marguerite répond :

- Bien sûr, madame, je mange de tout.

Mon premier accompagne souvent
le mot ne.

Mon deuxième peut se faire avec deux
bouts de ficelle.

Mon troisième protège le doigt lorsque
l'on coud.

Mon° quatrième désigne celle qui lit.

Mon cinquième est la troisième voyelle
de l'alphabet.

Mon sixième peut être à la menthe ou
au jasmin.

Mon tout plonge les abonnés dans
l'obscurité.

Lse érsultast d'uen étdue tèrs bziarre!!! Sleon une édtue de l'Uvinertisé de Cmabrigde, l'odrre des ltteers dnas un mot n'a pas d'ipmrotncae, la suele coshe ipmrotnate est que la pmeirère et la drenèire sionet à la bnnoe pclae. Le rsete peut êrte dnas un dsérorde ttoal et vuos puoevz tujoruos lrie snas porlbème. C'est prace que le creaveu hmauin ne lit pas chuaqe ltetre elle-mmêe, mias le mot cmome un tuot.

Un médecin demande à son patient :

- Cette maladie affecte-t-elle vraiment votre mémoire?

- Oui, répond le patient.

- Et de quelle manière affecte-t-elle votre mémoire? demande le médecin.

- J'ai oublié, répond le patient.

- Vous avez oublié? dit le médecin Pouvez-vous me donner un exemple de ce que vous avez oublié?

● ●

Comment occuper un idiot pendant des heures?

Pour la réponse, voir à la page 42.

Des chercheurs croient que
la corneille est l'oiseau
le plus futé du monde.

- Docteur, avant de faire l'autopsie, avez-vous vérifié le pouls? demande l'avocat.

- Non.

- Avez-vous vérifié s'il respirait?

- Non.

- Alors, il est possible que le patient ait été vivant quand vous avez commencé l'autopsie?

- Non.

- Comment pouvez-vous en être certain, docteur?

- Parce que son cerveau était sur mon bureau dans un bocal.

- Mais le patient ne pouvait-il quand même pas être encore en vie?

- Il est possible qu'il ait été encore en vie et en train d'exercer le métier d'avocat quelque part.

La dinde est considérée comme
le volatile le plus idiot du monde.

Comment occuper un idiot pendant des heures?

Pour la réponse, voir à la page 38.

● ●

Les premiers astronautes ont été des drosophiles (ou mouches du vinaigre), lancées dans l'espace à partir du Nouveau-Mexique, en 1946.

Que dit un schtroumpf lorsqu'il trébuche et tombe?

- Ah non! pas encore un bleu!

• •

Mon premier est le participe passé du verbe pleuvoir.

Mon deuxième est le son qu'émet la vache.

Il ne faut pas mettre mon troisième entre l'arbre et l'écorce.

Mon quatrième abrite des animaux de toutes races.

Mon tout était utilisé pour écrire il y a longtemps.

- Pourquoi claques-tu ainsi des doigts?

- Pour éloigner les extraterrestres.

- Les extraterrestres? Mais je n'en vois aucun.

- **Ça marche bien alors!**

● ●

- Docteur, docteur, je crois que j'ai la vue qui baisse!

- Effectivement, monsieur, ici, **vous êtes au bureau de poste!**

POURQUOI LES GORILLES ONT-ILS
DE GROSSES NARINES?

REPONSE : PARCE QU'ILS ONT
DE GROS DOIGTS.

Mon premier est synonyme de petit écran.

Mon second est le contraire de vrai.

Mon troisième accompagne souvent le mot pas.

Mon quatrième est égal à dix dizaines.

Mon cinquième entre dans le chas d'une aiguille.

Mon tout permet de parler de n'importe où dans la maison.

Pourquoi les ballerines marchent-elles toujours sur la pointe des pieds? Ne serait-il pas plus simple d'embaucher des ballerines plus grandes?

Qu'est-ce que les éléphants sont les seuls à posséder? Des bébés éléphants.

On est en plein mois d'août et
le soleil frappe fort sur la campagne.
Un paysan, sa charrette et son cheval
grimpent une colline. Arrivé en haut,
le paysan sort son mouchoir et
s'éponge le front.

- Nom de nom! dit-il. Je n'ai jamais
eu aussi chaud de ma vie...

- Moi non plus, dit le cheval.

- Hein? bredouille le paysan. C'est
bien la première fois que j'entends
parler un cheval!

- **Moi aussi, dit la charrette.**

Quelle est la différence entre
un éléphant et une puce?
Un éléphant peut avoir des puces,
mais les puces ne peuvent pas
avoir d'éléphants.

Sur un bateau, pourquoi les plongeurs sous-marins se jettent-ils à l'eau dos à la mer?

Parce que s'ils sautaient en avant, **ils sauteraient dans le bateau.**

∙∙∙∙∙∙∙∙∙∙∙∙∙∙∙∙∙∙∙∙∙∙∙∙∙∙∙∙∙∙∙∙∙∙∙∙∙∙∙

Mon premier n'est pas cru.

Mon deuxième est à l'opposé de demain.

Mon troisième est un animal qui vit dans les égoûts.

Mon quatrième est le contraire de sur.

Mon cinquième est le contraire de beaucoup.

Mon tout est un ustensile.

Comment un panneau « **Défense de marcher sur la pelouse** » arrive-t-il au milieu de celle-ci?

· ·

Mon premier est l'opposé de sur.

Mon deuxième est synonyme d'unir.

Mon troisième est le nombre d'éléments qu'il y a dans une paire.

Mon quatrième contient l'eau lorsqu'on lave le plancher.

Tout va bien tant que mon cinquième bat.

Mon tout est une pièce d'équipement essentielle à certains sportifs.

Si un mot dans le dictionnaire est mal écrit, comment s'en apercevra-t-on?

À la fin du premier millénaire, on croyait que la fin du monde allait arriver en l'an 1000.

Un homme téléphone à son collègue. C'est son jeune fils de trois ans qui lui répond :

- (Tout bas) Allo.
- Bonjour, est-ce que ton papa est là?
- (Tout bas) Oui.
- Puis-je lui parler?
- (Tout bas) Non.
- Pourquoi?
- (Tout bas) Il est occupé.
- Y a-t-il d'autres personnes?
- (Tout bas) Oui.
- Qui?
- (Tout bas) Ma mère.
- Puis-je lui parler?

- (Tout bas) Non.

- Pourquoi?

- (Tout bas) Elle est occupée.

- Mais y a-t-il d'autres personnes dans la maison?

- (Tout bas) Oui.

- Qui?

- (Tout bas) Des policiers.

- (Énervé) Puis-je leur parler?

- (Tout bas) Non.

- Mais pourquoi?

- (Tout bas) Ils sont occupés.

- Mais que font-ils à la fin?

- (Très très bas) Ils me cherchent...

POURQUOI TON VOISIN NAGE-T-IL TOUJOURS AU MILIEU DE LA PISCINE?

REPONSE : PARCE QU'IL EST UN PEU IMBECILE SUR LES BORDS.

Un cultivateur qui sillonnait tranquillement son champ s'est fait attaquer par son propre sac de semences. Poursuivi par ses graines redevenues brusquement sauvages, le paysan a finalement réussi à les semer.

En Floride, des chercheurs ont
découvert que les flamants aiment
leurs cousins de plastique
qu'on plante sur les pelouses,
mais seulement les blancs.

Il y a 1000 ans, les invités fortunés
à un dîner très raffiné, à Venise,
commencent à utiliser un étrange
ustensile tout nouveau :
la fourchette.

Mon premier est un bâton utile
aux aveugles lorsqu'il est blanc.

Mon deuxième peut-être plastique
ou dramatique.

Mon troisième est le mot que
la plupart des gens utilisent
lorsqu'ils répondent au téléphone.

Mon quatrième est une suite
de personnes alignées.

Mon cinquième est le pronom
personnel qui désigne la personne
qui parle.

Mon tout est un mets gastronomique
très apprécié.

Étiez-vous présent quand
votre photo a été prise?

Il y a environ 10 000 ans,
des glaciers couvraient le Bouclier
canadien et la majeure partie de
la région des Rocheuses.

Pourquoi n'y a-t-il pas de nourriture pour chat au goût de souris?

• •

En quittant la piscine avec les élèves de sa classe, Julie (7 ans) a oublié sa serviette de bain. N'acceptant pas cette explication, sa mère, furieuse, téléphone au professeur :

- Il y a un voleur ou une voleuse parmi les camarades de ma fille et je ne peux pas supporter la malhonnêteté.

- On va la retrouver, cette serviette, dit paisiblement le professeur. Pouvez-vous me la décrire?

- Elle mesure environ 1,60 m sur 1,80 m, elle est en coton blanc avec, inscrit dessus, en lettres bleues : « Hôtel de la Plage ».

Mon premier est la onzième lettre de l'alphabet.

Mon deuxième sert à ralentir la circulation dans les petites rues.

Mon troisième est la saison froide.

Mon quatrième est le mâle de la biche.

Mon tout est agréable à recevoir.

Un lapin vient tous les jours dans une boucherie et demande :

- Avez-vous des carottes?

Et chaque jour, le boucher répond :

- Non, ici, c'est une boucherie.

Au bout de deux semaines, le boucher dit au lapin :

- Écoute-moi bien, si demain, tu me demandes encore des carottes, je te cloue les oreilles au mur.

Le lendemain, le lapin arrive et demande :

- Avez-vous des clous?

- Non, répond le boucher.

- Alors, avez-vous des carottes?

Lors d'un conflit en mer qui s'éternise, les poissonniers décident finalement de **durcir le thon.**

Le sommet des plus grands gratte-ciel se balance de près d'un mètre d'un côté et de l'autre lorsque les vents sont violents. Et c'est normal!

On fait cuire un gâteau dans mon premier.

Mon deuxième est synonyme de copain.

Mon troisième est le nom que l'on donne aux canines des chiens.

Mon quatrième est un pronom qui exclut la personne qui parle.

Mon cinquième est la différence entre 5 et 3.

Mon tout remplace quelquefois la cuisinière.

Pourquoi un éléphant ne peut-il pas voir le bout de sa trompe?

Parce qu'il est né avec défenses d'ivoire... (défense d'y voir)

● ●

Si A=B et C=B, alors A=C.

On sait que, si deux choses sont égales à une troisième, alors ces deux choses sont égales entre elles.

Par exemple : La banane est jaune, le mur est jaune, donc la banane est mûre.

Comment faire entrer un éléphant dans un frigo en trois temps?

1- On ouvre le frigo.

2- On met l'éléphant dans le frigo.

3- On ferme le frigo.

Comment faire entrer une girafe dans un frigo en quatre temps?

1- On ouvre le frigo.

2- On enlève l'éléphant.

3- On met la girafe.

4- On ferme le frigo.

La grenouille goliath porte bien
son nom. Elle peut peser
jusqu'à 3 kg et mesurer
jusqu'à 80 cm.

À quelle distance étaient les
véhicules au moment de la collision?

· ·

Mon premier est le mâle de
la chèvre.

Mon deuxième est une clôture
d'arbustes.

Mon troisième est le résultat
de l'opération 1 + 5 - 4.

Mon quatrième est à l'opposé
de haut.

Mon cinquième est le contraire
de court.

On donne mon tout pour faire
plaisir.

Quand on te prend en photo
à côté de Mickey, est-ce que
la personne à l'intérieur du
costume de Mickey sourit?

Une petite crevette pleure
sur le bord de l'eau. Un escargot
qui passe par là lui demande :

- Mais pourquoi pleures-tu?

La petite crevette répond :

- Ma mère est partie à un cocktail
et n'est toujours pas revenue...

Le klaxon de la limousine
du roi Farouk d'Égypte
sonnait comme un hurlement
de chien.

Une vieille dame, désirant stationner son automobile, voit enfin une place se libérer. Elle fait les manœuvres nécessaires, mais tout à coup, une automobile sport se faufile à grande vitesse et prend sa place de stationnement! Un jeune sort de l'automobile et fait un clin d'œil à la vieille dame en disant :

- Jeune et rapide!

La dame recule alors son automobile pour prendre son élan et frappe l'automobile du jeune homme à toute vitesse. Elle sort alors de sa voiture et fait un clin d'œil au jeune homme, avec un sourire en coin :

- Vieille et riche!

Il y a 15 milliers d'années,
les gens de l'âge de pierre
utilisaient les os de
mammouth pour se faire
des maisons.

Un fou achète une télévision.

- Vous avez des télés en couleurs?

- Bien sûr.

- J'en prendrais une verte, s'il
vous plaît.

•••

Un fou va au cinéma. Il achète
son billet à la caisse et entre à
l'intérieur. Deux minutes plus
tard, il revient et en achète
un autre. Puis, quelques minutes
plus tard, il revient encore et
demande un autre billet.

- Je ne comprends pas, dit
la caissière. Je vous en ai déjà
vendu deux.

- Je sais, répond le fou, mais
chaque fois que j'entre dans
la salle, il y a un gars qui me
le déchire!

- Tu as vu tes bas? Il y en a un rouge et un vert.

- Ben oui, ils sont bizarres, ces bas, et en plus, j'en ai encore une paire à la maison...

• •

Deux simplets sont à la chasse au canard. Un magnifique spécimen s'envole à leur approche et prend de la hauteur. L'un des chasseurs épaule, tire et abat le canard du premier coup.

- Hé, pas mal! Tu as vu ça? se vante-t-il.

- Ouais, mais tu aurais pu économiser une cartouche.

- Comment ça?

- Oui, rien que la chute l'aurait tué!

- Dis papa, qu'est-ce qui a 10 pattes, qui est vert et bleu, et qui mesure 10 cm?

- Je ne sais pas.

- Moi non plus, mais tu l'as dans le cou.

• •

Un homme visite paisiblement un musée. Tout à coup, sa curiosité se pose sur un objet insolite, une échelle...

- Qu'est-ce que c'est que ça?

- Ça? répond le guide. C'est l'échelle de Richter, mais on n'y monte jamais. Ça tremble trop...

Certaines méduses atteignent
un diamètre de 2 m et
possèdent des tentacules de
près de 40 m de long.

Deux fous visitent Londres pour la première fois. Ils montent dans un autobus rouge impérial et s'installent au niveau inférieur. Quelques minutes plus tard, l'un d'eux dit :

– Je vais monter voir comment c'est au premier.

Il grimpe l'escalier en colimaçon. Quelques instants plus tard, il redescend et glisse à l'oreille de son copain :

– Dis donc, on a bien fait de se mettre en bas! Là-haut, ils n'ont pas de chauffeur.

Deux copains vont à la pêche et attrapent une quantité phénoménale de poissons. Avant qu'ils reviennent au bord de l'eau, l'un dit à l'autre :

- N'oublie pas de marquer l'endroit pour qu'on y revienne la semaine prochaine.

Dans la voiture, il demande :

- As-tu bien marqué l'endroit où nous étions?

- Oh oui, ne t'inquiète pas! J'ai fait un gros X sur la chaloupe.

- Espèce d'imbécile! s'exclame le premier. Qu'arrivera-t-il si on ne loue pas la même chaloupe?

Mon premier est
le contraire de tôt.

Mon deuxième est
le contraire de tard.

Mon troisième recouvre
le corps humain.

Mon quatrième est
un pronom personnel
réfléchi.

On mange mon tout
surtout à l'automne.

• •

Combien de psychanalystes
faut-il pour changer une ampoule
électrique?

- Aucun, l'ampoule se changera
elle-même quand elle sera prête.

Deux fous font une balade en bicyclette. L'un d'eux descend de sa bicyclette et se met à dégonfler ses deux pneus.

- Mais qu'est-ce que tu fabriques? demande son copain.

- Mon siège est trop haut, lui répond l'autre.

Aussitôt, son copain descend de sa bicyclette, met son siège à la place de son guidon et son guidon à la place de son siège. Son ami lui demande à son tour :

- Et toi? Que fais-tu?

- Je retourne chez moi. Tu es trop niaiseux!

Un touriste qui visite une ville pour la première fois tombe en arrêt devant un gratte-ciel. Le gardien de l'immeuble décide de rigoler un peu et lui dit :

- Monsieur, c'est interdit de regarder cette tour. Je dois vous infliger une amende de 10 $ par étage. Quel étage regardiez-vous avec autant d'attention?

- Le cinquième!

- Alors, 5 fois 10... vous me devez 50 $.

Le touriste lui remet 50 $. Rentré chez lui, ce dernier raconte l'histoire :

- Ils sont quand même naïfs dans cette ville. Je regardais le 18e étage!

Comment fait-on pour ne pas se taper sur les doigts en enfonçant un clou?

Il faut tenir le marteau à deux mains.

• •

Mon premier est la première syllabe du mot qui désigne la femelle du coq.

Mon deuxième est le son que fait la sonnette.

Mon troisième sort du robinet.

Mon quatrième est une céréale abondamment cultivée en Chine.

Mon tout est un dessert léger et délicieux.

COMMENT S'APPELAIT LE CAPITAINE
CROCHET AVANT?

RÉPONSE : LE CAPITAINE MAIN!

Un magicien se présente à un organisateur de spectacles, qui lui demande :

- Quel est votre meilleur tour?

- Scier une femme en deux.

- C'est difficile?

- Non, j'ai commencé tout jeune, je me suis exercé sur mes sœurs.

- Et vous êtes d'une famille nombreuse?

- Oui, j'ai huit **demi**-sœurs!

La magie des maths :

$1 \times 8 + 1 = 9$

$12 \times 8 + 2 = 98$

$123 \times 8 + 3 = 987$

$1234 \times 8 + 4 = 9876$

$12345 \times 8 + 5 = 98765$

$123456 \times 8 + 6 = 987654$

$1234567 \times 8 + 7 = 9876543$

$12345678 \times 8 + 8 = 98765432$

$123456789 \times 8 + 9 = 987654321$

Dans une station de métro de
Newcastle (Angleterre), lorsqu'on a
commencé à diffuser de la musique
classique plutôt que du rock,
les jeunes fauteurs de trouble
l'ont désertée pour trouver
un nouveau refuge.

D'ou vient l'idée de stériliser
l'aiguille qui va servir à l'injection
fatale du condamné à mort?

Au Moyen Âge, des oies dressées
servaient de chiens de garde.

- Il paraît que votre mari parle tout seul, parfois?

- Je ne sais pas. Je ne suis jamais avec lui quand il est seul.

• •

C'est un homme qui entre dans un bar. Tout de suite, il remarque un groupe de joueurs de poker au fond de la salle. Parmi les joueurs, il y a un chien. L'homme se tourne vers le barman et lui demande :

- Dites donc, le chien, il se débrouille bien?

- Non, il est stupide : chaque fois qu'il a un bon jeu, il remue la queue!

On sait que la tartine beurrée tombe toujours du côté beurré.

On sait aussi qu'un chat retombe toujours sur ses pattes.

Alors que se passe-t-il si on beurre le dos du chat?

● ●

- Tu sais, papa, dit un étudiant, ça me tracasse, quand je regarde la télé le soir, de te voir faire des heures supplémentaires dans ton bureau pour payer mes études... Alors, s'il te plaît, tu pourrais fermer ta porte?

Un pilote d'avion un peu idiot rate complètement son atterrissage. Une fois l'avion immobilisé, le pilote hurle au contrôleur :

- Qu'est-ce que c'est que ces pistes d'atterrissage de 200 mètres de long et deux kilomètres de large?

● ●

Mon premier est au milieu du visage.

Mon deuxième n'est pas habillé.

Mon troisième est à l'avant de l'automobile et éclaire la route.

Mon tout est une plante aquatique.

L'ours polaire est le plus
gros carnivore.

À la frontière, un douanier arrête un camion :

- Avez-vous quelque chose à déclarer?

- Rien du tout, répond le chauffeur.

Le douanier ouvre l'arrière du camion et se trouve nez à nez avec un éléphant qui porte une tranche de pain sur chaque oreille.

- C'est ça que vous appelez « rien à déclarer »?

- Ben quoi? répond le chauffeur. On n'a plus le droit de mettre ce qu'on veut dans son sandwich?

Les premiers aliments en conserve
ont été vendus au public en
Angleterre, en 1830.
Mais personne ne vendait
d'ouvre-boîtes.

Pourquoi les choses se trouvent-elles toujours au dernier endroit où on les cherche?

• •

Un automobiliste roule tous phares éteints sur une route déserte. Les lampadaires le long de la route sont éteints et il n'y a pas de lune. Tout à coup, une personne habillée tout en noir traverse la route juste devant la voiture. Le conducteur freine et la laisse passer. Comment l'automobiliste a-t-il su qu'une personne traversait?

Pas de problème, il faisait jour!

En 1266, les boulangers anglais
commencent à ajouter leur signe
distinctif sur les miches de pain
pour que les clients sachent qui
faisaient les mauvais pains.

Les Chinois ont inventé le parapluie
il y a 1600 ans.

Quel est le synonyme de synonyme?

●●●●●●●●●●●●●●●●●●●●●●●●●●●●●●●

Nicolas étudie les nombres négatifs
à l'école. Le soir, il demande à son
père de l'aider, car il n'a pas tout
compris. Le père explique :

- Écoute, Nicolas. Imagine quatre
personnes dans un autobus. Si huit
personnes en descendent, il faudra
que quatre autres y montent pour qu'il
n'y ait plus personne dans l'autobus...

Martin et son copain vont à l'école. Ce dernier dit :

- Oh! tu as vu? Ils ont mis un panneau « Ralentir école! »

Aussitôt, Martin s'exclame :

- C'est ridicule, on ne risque pas d'y aller en courant!

• •

Le chien a quatre de mon premier.

Mon deuxième est un moyen de transport très populaire en Amérique.

Mon troisième qualifie une surface qui ne brille pas.

Mon tout est un mets italien.

Comment Donald le canard peut-il avoir des neveux s'il n'a ni frères ni sœurs?

Les premières plaques d'immatriculation du Canada, émises en Ontario en 1903, étaient faites de cuir verni.

En 1250, quelqu'un a eu l'idée d'utiliser
la plume d'oie pour écrire.

- Moi, quand je bois une tasse de café, je ne peux pas dormir!

- Moi, c'est le contraire!

- Ah, bon?

- Oui, quand je dors, je ne peux pas boire une tasse de café!

· ·

- Docteur, c'est bizarre, à chaque fois que je dis « **ABRACADABRA** », les gens disparaissent... Docteur? Docteur! Où êtes-vous?

On dit que seulement dix personnes au monde comprenaient Einstein. Personne ne me comprend, moi. Alors, suis-je un génie?

• •

Mon développement peut vous sembler illogique puisque chez moi :

- l'accouchement arrive avant la grossesse;

- l'adolescence avant l'enfance;

- la course avant la marche;

- l'écriture avant la lecture;

- les devoirs avant les leçons;

- et même la mort avant la vie.

Qui suis-je?

Le dictionnaire!

Il y a 400 ans, Sir Francis Bacon a essayé d'empêcher les poulets tués de pourrir en les farcissant de neige.

Si rien ne colle au téflon, comment l'a-t-on collé à la poêle?

• •

Dans un nouvel édifice, les propriétaires ont décidé de nommer les étages comme suit : janvier pour le rez-de-chaussée, février pour le premier, mars pour le deuxième et ainsi de suite jusqu'à décembre. Curieusement, l'édifice de 12 étages compte 365 employés, dont 52 directeurs, assistés de 7 chefs de division. Sachant tout cela, comment appellent-ils l'ascenseur?

En appuyant sur le bouton!

En 1284, les raviolis ont fait leur
apparition à Rome. Les fettucine
existaient déjà depuis quelques années.

Les premiers réfrigérateurs pour utilisation domestique ont été vendus en 1913. C'étaient de grosses armoires de bois avec un compartiment réfrigérant sur le dessus.

Certains requins ne sont pas
difficiles. On en a trouvé un
avec une paire de chaussures
dans l'estomac.

- Bonjour, monsieur l'épicier. Je voudrais cinq kilos de patates.

- Des petites ou des grosses?

- Oh, des petites. Ça sera moins lourd!

....

Si Superman est tellement malin, pourquoi est-ce qu'il met son slip par-dessus son pantalon?

En 1762, alors que le comte de Sandwich ne voulait pas quitter sa table de jeu, son cuisinier lui apporte une tranche de viande entre deux tranches de pain : c'était le premier sandwich.

Solutions des charades